LE CONFLIT

ENTRE

LA FRANCE ET LA CHINE

ÉTUDE

D'HISTOIRE COLONIALE ET DE DROIT INTERNATIONAL

PAR

HENRI CORDIER

Directeur de la *Revue de l'Extrême-Orient*

PARIS

LIBRAIRIE LÉOPOLD CERF

13, RUE DE MÉDICIS, 13

—

1883

LE CONFLIT

ENTRE

LA FRANCE ET LA CHINE

LE CONFLIT

ENTRE

LA FRANCE ET LA CHINE

ÉTUDE

D'HISTOIRE COLONIALE ET DE DROIT INTERNATIONAL

PAR

Henri CORDIER

Directeur de la *Revue de l'Extrême-Orient*

PARIS

LIBRAIRIE LÉOPOLD CERF

13, RUE DE MÉDICIS, 13

—

1883

LE CONFLIT

ENTRE

LA FRANCE ET LA CHINE

I

LA FRANCE ET L'ANNAM

Depuis un an, la question du Tong-King a complètement changé d'aspect. La France voulait assurer l'exécution d'un traité signé par l'Annam en 1874 ; l'Annam s'y refusait ou cherchait à éluder ses engagements avec la plus insigne mauvaise foi ; l'honneur de la France était engagé ; ses intérêts et son prestige ne l'étaient pas moins ; il fallait agir et agir vigoureusement, sans hésitation. Nos lenteurs ont permis à la Chine, voisine du Tong-King, d'entrer dans un débat auquel elle était restée jusqu'alors étrangère ; l'Annam est passé au second plan et la question du Tong-King s'est transformée en une question franco-chinoise.

Nous nous proposons de montrer successivement quelles ont été les relations réciproques des trois pays engagés dans le conflit pour dégager nettement ensuite les droits de chacun. Nous n'hésitons pas à dire d'avance, d'ailleurs, que des recherches auxquelles nous nous sommes livrés il résulte : 1° que les droits de la France sur l'Annam, acquis au prix de longs efforts, sont aujourd'hui indéniables ; 2° que la revendication de ces droits, utile à son commerce et à son industrie, est absolument nécessaire pour la conservation de sa colonie de la basse Cochinchine et de ses intérêts et de son prestige dans l'Extrême Orient ; 3° que la Chine, qui n'est jamais intervenue entre ses soi-disant vassaux et les puissances d'Occident, n'a pas plus le droit d'agir dans l'Annam contre les Français qu'elle ne l'a fait dans la Birmanie contre les Anglais ; 4° que d'ailleurs elle n'a nullement l'intention de pousser les choses à l'extrême et que les difficultés des négociations entre elle et la France sont dues plutôt à l'influence de conseillers hostiles et malhabiles qu'à toute autre cause ; 5° qu'une politique vigoureuse de notre part est absolument nécessaire, des concessions maladroites devant amener pour nous des conséquences désastreuses ; 6° que les nations occidentales dans l'Extrême Orient sont solidaires les unes des autres, qu'un échec de notre politique aurait les suites les plus fâcheuses pour les intérêts européens en Chine et enfin que l'occupation du fleuve Rouge par la France sera aussi favorable au commerce des autres nations qu'au sien propre.

**

Il nous semble que l'opinion publique a singulièrement diminué l'importance de notre action au Tong-King. Il ne s'agit pas ici d'une aventure surgissant par hasard ; il ne s'agit pas d'un projet appartenant en propre à un ministère, voire à la République, mais bien d'une grande pensée conçue il y a plus de cent ans, dont la réalisation a été retardée par suite d'événements malheureux, mais qui a été reprise par tous les régimes qui ont gouverné la France. L'idée d'un grand établissement colonial sur la côte de l'Indo-Chine, mise en avant sous Louis XVI, ajournée mais non abandonnée par Napoléon Ier, ressaisie sous Louis XVIII, a reçu un commencement d'exécution sous le règne de Napoléon III. La troisième République a cherché et cherche à compléter une œuvre à laquelle ont pris part aussi bien les conservateurs, puisque le traité de 1874 a été négocié par les agents de M. le duc de Broglie, que les républicains. Nous nous trouvons donc en présence d'une grande politique coloniale, propre non pas à un groupe, non pas à un parti, mais à la France entière ; nous voudrions aujourd'hui essayer de retracer les phases principales de cette politique nationale.

**

La Compagnie des Indes orientales, créée en 1664, donna au commerce français, dans l'extrême Orient, un débouché qu'il n'avait pas eu jusqu'alors. Les Portugais, les Hollandais et les Anglais nous avaient d'ailleurs devancés. Dès 1684, la Compagnie des Indes orientales envoyait au Tong-King un agent nommé Le Chappelier, qui trouva les habitants bien disposés pour les Européens et établit un comptoir dans le pays. Deux années plus tard, un autre agent de la Compagnie, nommé Verret, se rendit à son tour en Cochinchine pour choisir un emplacement favorable à la création d'un comptoir.

Il se décida pour Poulo-Condor. Malheureusement, la série des guerres qui affligèrent la fin du règne de Louis XIV arrêta tous les projets d'établissement qu'avaient pu avoir les Français. Plus tard, les rapports de différents autres agents furent également favorables à un établissement, soit à Poulo-Condor, soit en un autre point de la Cochinchine, mais on peut considérer le voyage de Pierre

Poivre à la Cochinchine en 1749 et 1750 comme le vrai point de départ de nos relations avec la Cochinchine.

Son voyage à bord du *Machault* est extrêmement intéressant. Poivre avait pour but d'ouvrir un commerce à la Cochinchine, d'y établir un comptoir et de se procurer, par la voie de Manille ou des places voisines, des plants de noix muscade et de girofle qui devaient être tous portés aux îles de France et de Bourbon. Vers la même époque, un missionnaire de la Société des Missions étrangères, Charles Thomas de Saint-Phalle, fournissait à Dupleix les renseignements les plus précis sur le Tong-King.

Deux occasions d'assurer d'une manière sérieuse l'influence française dans l'Indo-Chine nous avaient déjà été fournies : l'une sous Louis XIV, par le ministre du roi de Siam, Constance Phaulkon, dont la chute et la mort, à la révolution de 1688, amena la ruine de notre crédit; l'autre nous avait été indiquée par Dupleix, qui, en 1750-1752, cherchait par une alliance avec le roi de Pégou à nous assurer la possession des bouches de l'Irraouaddy. Une troisième occasion allait nous être fournie par une révolution qui éclata en 1785 en Cochinchine

Le neveu du dernier souverain de la Cochinchine, Nguyen-Anh, chassé de ses États par des rebelles et réfugié à Saïgon, s'était décidé, sur le conseil d'un missionnaire français, Pigneaux de Behaine, évêque *in partibus* d'Adran, à implorer le secours de la France pour rentrer dans ses États. Il envoya le prélat, muni de pleins pouvoirs et accompagné de l'héritier présomptif du trône, le prince Canh, à Pondichéry, dont le gouverneur, n'ayant pas à sa disposition de troupes pour faire une expédition, engagea l'évêque d'Adran à passer en France. Pigneaux de Béhaine fut bien reçu à Versailles. On lui promit un secours de 1,650 hommes, de l'artillerie, des armes, quatre frégates et deux ou trois bâtiments de transport nécessaires à l'expédition. Par un traité signé à Versailles, le

28 novembre 1787, le roi de la Cochinchine cédait à la France la propriété absolue et la souveraineté de l'île, formant le port principal de la Cochinchine, appelé « Hoï-nan » et par les Européens « Touron », ainsi que Poulo-Condor, en échange des secours que Louis XVI promettait d'envoyer. L'évêque d'Adran repassa à Pondichéry, dont le gouverneur, l'Irlandais comte de Conway, devait commander l'expédition projetée. L'Anglais John Barrow raconte qu'à l'arrivée du prélat dans la colonie, Conway avait pour maîtresse Mme de Vienne, la femme d'un de ses aides de camp. L'évêque d'Adran fit des visites aux femmes des différents fonctionnaires de Pondichéry à l'exception de Mme de Vienne, qui, fort irritée d'être traitée de la sorte, fit retarder l'envoi des troupes en Cochinchine. D'autre part, ce qui est plus vraisemblable, le gouverneur était peu favorable à l'expédition parce qu'il ne la considérait pas comme avantageuse à la France. Quoi qu'il en soit, le traité de Versailles ne reçut pas son exécution ; les projets de l'évêque avortèrent, et, au lieu d'un secours important qu'on lui avait promis, le prélat n'obtint que l'escorte de la frégate la *Méduse*, pour deux navires de commerce armés et équipés à ses frais. Néanmoins, l'évêque d'Adran était accompagné d'un certain nombre d'officiers français, dont le concours ne contribua pas peu à permettre à Nguyen-Anh de remonter sur le trône de ses pères. Parmi ces officiers se trouvaient quelques ingénieurs distingués qui construisirent les citadelles de Saïgon et de Hanoï et fortifièrent la rivière de Hué. En 1802, Nguyen-Anh fit la conquête du Tong-King et ayant ainsi réuni sous son sceptre toute la partie orientale de l'Indo-Chine, il prit le nom de Gia-Long, sous lequel il est plus connu dans l'histoire. Ce prince témoigna toujours la plus grande bienveillance aux Français, mais il exprima à différentes reprises la satisfaction que lui causait la non-exécution du traité de Versailles. Il redoutait fort les Anglais, et il craignait que, s'il eût accordé à la France les

possessions jadis promises, il n'attirât sur lui la colère de la nation puissante, maîtresse des Indes qui méditait déjà la conquête de la Birmanie.

*
* *

La chute de la royauté, les événements de la Révolution, les guerres de l'empire ne permirent pas à la France de s'occuper de l'Annam. Ce n'est pas que, parmi les innombrables projets que forma Napoléon il ne s'en trouve peut-être pas un relatif à ce royaume, car un mémoire ayant été écrit le 2 frimaire an X par le citoyen Cossigny, pour faire ressortir l'importance du choix d'un évêque en remplacement de Pigneaux de Behaine, mort récemment, Bonaparte, alors premier consul, écrivit en marge de ce document, conservé aux archives des colonies: « Renvoyé au ministre de la marine pour me faire connaître son opinion sur ce mémoire. Paris, le 29 frimaire an X. »

Le gouvernement de la Restauration reprit la tradition de Louis XVI et chercha à renouveler avec les pays de l'Extrême Orient les relations brisées brusquement à la fin du siècle dernier. De la brillante pléiade d'officiers français qui, appelés par l'évêque d'Adran, avaient aidé Gia-Long à remonter sur le trône de ses pères, deux seulement, au commencement du règne de Louis XVIII, avaient survécu et étaient restés à la cour du souverain qui leur devait son trône : Philippe Vanier et Jean-Baptiste Chaigneau. Le duc de Richelieu, ministre des affaires étrangères, écrivit à ce dernier, le 17 septembre 1817, pour réclamer le concours de son zèle en faveur d'armateurs de Bordeaux qui avaient fait ou se proposaient de faire des expéditions pour le Tong-King et la Cochinchine.

« Le gouvernement, disait le duc, encourageait ces

essais surtout dans l'espérance qu'ils pourraient nous conduire à fonder dans ces pays un commerce permanent. » Deux expéditions faites en 1817 par les maisons Balguerie, Sarget et C⁰ et Philippon et C⁰ de Bordeaux, ne furent pas très heureuses; mais une troisième, composée des deux trois-mâts le *Larose* et le *Henri*, réussit complètement. La vue de ces bâtiments inspira ou raviva dans l'âme de Chaigneau le désir de revoir son pays natal. Non sans regret il obtint un congé du vieux Gia-Long, et il s'embarqua pour la France au mois de novembre 1819. Chaigneau, nommé en octobre 1820 agent et consul de France en Cochinchine, retourna à Hué avec la mission de négocier un traité de commerce avec le souverain de l'Annam. Malheureusement Gia-Long était mort le 25 janvier 1820 et son fils Minh-Mang se montra hostile à toute espèce d'arrangement avec la France. Chaigneau quitta définitivement la Cochinchine en 1824. Un de ses neveux, à deux reprises différentes, essaya de représenter la France comme vice-consul à la cour de Hué; il fut obligé d'abandonner la partie.

La révolution de Juillet changea d'ailleurs le cours de notre politique coloniale, et le gouvernement de Louis-Philippe n'intervint en Cochinchine qu'accidentellement. Les massacres de missionnaires ordonnés par Minh-Mang forcèrent le commandant Lévêque, de l'*Héroïne* (12 mars 1843), les amiraux Cécile (1844) et Rigault de Genouilly (1847) à agir vigoureusement à différentes reprises; mais il fallait une occasion et un prétexte pour nous faire prendre pied définitivement dans un pays où nos efforts presque séculaires étaient restés sans succès.

***

Ce fut à Napoléon III qu'incomba la mission de continuer l'œuvre de Louis XVI. En 1856, le commandant du

Catinat, puis notre consul à Shanghaï, M. de Montigny, envoyé extraordinaire, ne purent obtenir d'être reçus à Hué. Le 20 juillet 1857, l'évêque Jose-Maria Diaz était exécuté; les persécutions redoublaient; le prétexte était bon. D'autre part, les armements pour l'expédition de Chine nous fournissaient l'occasion et nous facilitaient une action prompte en Cochinchine. Les victoires des amiraux Rigault de Genouilly (Tourane, 1er septembre 1858; Saïgon, 17 février 1859), Charner (Ki-Hoa, 25 février 1861); Page (My-Tho, 12 avril 1861); Bonard (Bien-Hoa, 9 décembre 1861), amenaient la conclusion d'un traité signé à Saïgon le 5 juin 1862 par les représentants de l'Annam, de la France et de l'Espagne notre alliée, traité qui nous assurait la possession des trois provinces méridionales de Gia-Dinh (Saïgon), de Dinh-Tuong (My-Tho), de Bien-Hoa et de l'île de Poulo-Condor.

En même temps, un traité signé avec le Cambodge (ratifié en 1864) substituait notre protectorat sur ce pays à l'influence qu'exerçaient l'Annam et Siam. Les intrigues et la mauvaise foi de Tu-Duc obligèrent, en juin 1867, l'amiral de la Grandière à annexer à nos possessions les trois provinces occidentales de la basse Cochinchine : Vinh-Long, Chaudoc et Ha-Tien. Notre colonie était définitivement fondée.

*

Ainsi donc, lorsque nos efforts pour assurer des débouchés aux produits de nos nouvelles colonies, quand l'exploration du fleuve Rouge par Dupuis et l'expédition de Francis Garnier amenèrent notre intervention au Tong-King, des circonstances imprévues ne dictaient pas notre conduite : elle était la conséquence fatale d'une politique remontant à plus de cent ans, à laquelle avaient participé tous les gouvernements qui s'étaient succédé depuis le règne de Louis XV. C'est peut-être le seul exemple dans l'histoire de notre politique étrangère que nous trouvons d'une tradition constamment suivie.

II

LA CHINE ET L'ANNAM

La légende annamite fait remonter l'origine de ses rois à un parent de l'empereur de la Chine. Placés l'un à côté de l'autre, le Céleste-Empire et son voisin moins puissant, l'Annam, ont été en relations constantes depuis un temps immémorial. Ces relations ont été de natures diverses. Nous voyons les deux pays, tantôt s'envoyant des ambassades réciproques, tantôt en guerre; parfois l'Annam, victorieux de la Chine, repousse l'envahisseur dans son pays, tantôt lui-même, vaincu, est réduit en province chinoise. Finalement, l'Annam accepte une sorte d'investiture de son formidable voisin qui donne à ce dernier une supériorité honorifique sur son faible adversaire.

***

Voici en quelques lignes l'histoire des principales relations de la Chine avec l'Annam, dont les limites n'ont pas toujours été aussi nettement définies qu'elles le sont aujourd'hui. Il est convenu, en effet, actuellement que l'empire d'Annam se compose de trois parties : le Tong-King au nord, la Cochinchine ou Annam proprement dit au centre, et, au sud, la basse Cochinchine ou Cochinchine française. En réalité l'Annam était jadis le pays que nous appelons aujourd'hui le Tong-King, qui s'est étendu à certaines époques de l'histoire jusqu'à Canton.

L'Annam s'est trouvé cinq fois réduit en province chinoise : de 111 avant J.-C. à 39 après J.-C. ; de 42 à 186 ; pour la troisième fois, de 226 à 540, pendant une période de trois cent quatorze années ; une quatrième fois, pendant trois cent trente-six ans, de 603 à 939 ; la Chine s'empare une dernière fois de l'Annam en 1407, et cette occupation dure une vingtaine d'années.

Ces différentes conquêtes de l'Annam par la Chine n'ont pas été sans laisser dans le pays une trace profonde. Dès l'année 186 de notre ère, la littérature chinoise était introduite dans l'Annam et les préceptes de Confucius y étaient enseignés, mais c'est surtout à l'époque de leur dernière domination que les Chinois, sur lesquels régnait alors la dynastie des Ming, imposèrent aux vaincus un grand nombre de leurs coutumes : le tatouage, en usage dans l'Annam, fut défendu ; les femmes furent obligées de porter des vêtements courts à manches larges et les hommes de porter les cheveux longs. On n'ignore pas que l'usage de se raser le haut de la tête et de réunir les cheveux en une longue tresse qui tombe dans le dos ne date, chez les Chinois, que de la conquête tartare au milieu du dix-septième siècle.

Les Chinois établirent une nouvelle administration, introduisirent les cinq livres canoniques et les quatre livres classiques de Confucius et de ses disciples, et construisirent des écoles dans lesquelles on enseigna les caractères chinois.

A différentes reprises, des aventuriers ou des descendants d'anciennes familles régnantes secouèrent le joug chinois et régnèrent sur l'Annam, tantôt sous le nom de princes, tantôt sous le nom de rois ou d'empereurs. Depuis le dixième siècle de notre ère, on ne compte pas moins de six dynasties qui ont gouverné ce pays : 1° les Dinh (968); 2° les Lê antérieurs (980); 3° les Ly postérieurs (1010); 4° les Trân (1225); 5° les Lê postérieurs (1428), et 6° les Nguyen (1802). Cette dernière dynastie est celle qui a été fondée par Gia-Long après qu'il eut réuni le Tong-King à l'Annam. Elle a donné depuis lui quatre souverains : Ming-Mang, Thiêu-Tri, Tu-Duc et son successeur actuel, Hiep-Hoa.

Les différentes dynasties chinoises ont accordé aux princes annamites, depuis plusieurs siècles, une investiture qui n'a d'ailleurs jamais eu un effet pratique sérieux, car elle n'impliquait pas de concessions mutuelles, d'alliance offensive ou défensive, mais simplement la remise d'un sceau au chef de la dynastie, sceau dont le souverain de l'Annam ne faisait usage que dans sa correspondance avec le Fils du Ciel, l'envoi d'ambassades, et le payement d'un tribut de médiocre importance.

Cette investiture et ce tribut laissent subsister entièrement la souveraineté de l'Annam, ainsi que nous avons déjà eu ailleurs l'occasion de le démontrer [1]. En effet, « dans une alliance entre deux pays de force inégale, quand l'allié inférieur se réserve la souveraineté ou le droit de gouverner lui-même, il doit être, dit Vattel, regardé comme indépendant. Le payement d'un tribut, qui enlève de la dignité au pays qui le paye, n'enlève rien à la souveraineté de ce pays ». Dans le cas présent, l'Annam rentre bien dans la catégorie des Etats souverains ; car depuis 1407, c'est-à-dire depuis l'occupation des Ming, la Chine n'est jamais intervenue dans les affaires intérieures du royaume ; la succession au trône, l'administration, la promulgation des lois, se sont faites sans que la Chine fût consultée.

[1] Cercle Saint-Simon, déc. 1882.

Quand la Chine a été en guerre avec des puissances européennes, en 1842 et en 1860, nous ne l'avons pas vue requérir l'aide des troupes de son soi-disant vassal. Si, comme le disait une note publiée il y a quelque temps dans les journaux, à deux reprises différentes, dans les dernières années, les Chinois ont fait passer à leurs troupes la frontière annamite, c'était dans leur intérêt propre et non pas à la suite d'un appel de Tu-Duc : en 1864, ils poursuivaient les débris des rebelles Taïpings, devenus Pavillons jaunes et Pavillons noirs pour les écraser ; en 1879, ils pourchassaient Li Yong-Tsai, qui avait levé l'étendard de la révolte dans le Kouang-Si. Il n'y avait pas là l'acte d'un suzerain appelé par un vassal à son secours, mais bien le fait d'une puissance qui, sachant qu'on n'aura pas la force de la repousser, pénètre chez son voisin pour se faire justice elle-même.

Cet argument que prétendait fournir la Chine à l'appui de ses prétentions retourne d'ailleurs contre elle, car, si le simple fait d'une invasion d'un territoire constitue une suzeraineté ou une prise de possession de ce territoire, l'histoire nous fournit plusieurs exemples de l'invasion du territoire chinois par les Annamites et, pour n'en citer qu'un : au quinzième siècle, puisque la Chine aime la tradition, nous rappellerons que le roi d'Annam, Lê Thanh-Tong, fit une campagne contre les Bat-Ba-Tuc-Phu, tribus sauvages tributaires de la Chine, qui furent plus tard incorporées à la Birmanie, et que le Céleste-Empire ne put empêcher la campagne du souverain annamite.

**

D'ailleurs, il est impossible de traiter de la soi-disant souveraineté de la Chine sur l'Annam sans traiter également des prétendus droits qu'elle a sur les autres pays de l'Indo-Chine, pays qui, comme l'Annam, ont reçu du Céleste-Empire l'investiture et le sceau. Ainsi Siam a reçu l'investiture trois fois sous les empereurs Kang-Hi, Kien-Long et Kia-King, en 1673, 1786 et 1810. En 1730, le Laos eut à payer le tribut tous les cinq ans ; le tribut fut renouvelé avec l'investiture et le sceau en 1795. Quant à la Birmanie, elle paya le tribut en 1751 ; en 1790, le sceau et l'investiture lui ayant été accordés, elle eut à payer le tribut tous les dix ans. Quelle a été la politique de la Chine vis-à-vis de ces puissances et en particulier vis-à-vis de la Birmanie, sa voisine comme l'Annam ? Elle a laissé l'Angleterre s'emparer successivement de l'Assam, de l'Arakan, du Pégou, du Tenasserim, la Birmanie restant de la sorte isolée du reste du monde, sans qu'une protestation se soit fait entendre de la cour de Pékin. Bien plus, les Chinois laissent sans secours les Birmans, qui, depuis 1875, réclament leur aide contre les Anglais ! Si de la Birmanie nous passons au Laos, nous verrons que la Chine, malgré l'investiture qu'elle lui avait accordée, ne s'est nullement préoccupée du partage de ce pays, jadis indépendant, en 1829, entre la Birmanie, le Siam et l'Annam. Enfin, en 1879, puis en 1882, le royaume de Siam a refusé catégoriquement de répondre aux avances des envoyés du Fils du Ciel. Ainsi donc une politique bonne pour l'Annam ne l'est plus ni pour le Siam ni pour la Birmanie : deux poids, deux mesures ; absence complète de logique.

***

Nous avons vu que la Chine n'était jamais intervenue entre les différents pays de l'Indo-Chine, ni dans leurs relations entre eux, ni dans leurs relations avec l'Angleterre. Nous pouvons ajouter que jusqu'aujourd'hui la Chine n'avait nullement songé à protester contre notre action diplomatique ou militaire en Annam. Ni le traité de 1787 avec Gia-Long, ni la nomination d'un consul de France à Hué sous Louis XVIII, ni les divers exploits de nos marins sous le règne de Louis-Philippe pour punir les autorités annamites du massacre des missionnaires espagnols, n'ont amené l'intervention de la Chine. Enfin, l'occupation de la basse Cochinchine, résultant de la guerre de 1860 et des traités de Saïgon de 1862, n'est-elle pas aujourd'hui un fait acquis ? Enfin, le dernier traité de 1874, conséquence de l'expédition de Garnier, n'a été à aucune époque l'objet d'une réclamation de la cour de Pékin *à la cour de Hué*. Tu-Duc lui-même n'a songé à faire part de ce traité à la Chine que six ans plus tard, lorsque, se sentant trop faible pour résister à la France, il demanda du secours à son puissant voisin.

**

Il ne nous suffit pas de montrer l'inanité des prétentions de la Chine au point de vue chinois même et au point de vue du droit des gens : l'attitude même de son prétendu vassal montre que la Chine n'a jamais eu de véritable suzeraineté, qu'il n'y a jamais eu entre les deux pays que des relations traditionnelles.

En effet, nous avons déjà vu que Tu-Duc avait attendu six ans pour faire part du traité de 1874 à la Chine, et cela, non pas par devoir, mais simplement pour demander du secours. Le droit de suzeraineté implique voix délibérative dans le choix du prince, et dans aucun temps la Chine n'a été consultée lorsqu'il s'est agi de régler la succession au trône d'Annam. L'investiture même était considérée comme chose si peu importante, que les princes cochinchinois ne la demandaient souvent qu'au bout de trois ans, de cinq ans et même plus de règne.

Tu-Duc, qui a reçu l'investiture à Hué au lieu de Hanoï, était disposé à s'en passer si les envoyés chinois ne venaient pas jusqu'à sa capitale.

Ce fameux sceau que la Chine remettait au chef de chaque nouvelle dynastie, quel usage en faisait le souverain annamite ? Il s'en servait par courtoisie, dans sa

Sceau de l'Empereur d'Annam.

correspondance avec la Chine exclusivement ; mais pour tous ses autres actes, et en particulier pour ses actes avec les puissances étrangères, il se servait d'un grand sceau dont nous donnons la reproduction ci-contre, dans lequel il prenait un titre égal à celui de l'empereur de la Chine. Le sceau porte en effet les caractères : *Ta nam Hoang ti Tche si*, c'est-à-dire : « Le grand sceau des empereurs du Grand-Sud. » Les commissaires impériaux annamites ne se considèrent pas non plus comme inférieurs à leurs collègues de Chine, ainsi qu'on en pourra juger par le sceau que nous reproduisons également ci-contre et qui porte les caractères : *Kin che ta tchen Koan fang*, qui veulent dire : « Sceau du ministre envoyé impérial. »

Enfin, les Annamites se sont eux-mêmes chargés de dissiper nos derniers doutes sur la nature de leurs rela-

Sceau d'un envoyé impérial annamite.

tions avec la Chine. Dans le cours d'une conversation entre l'amiral Dupré et les ambassadeurs annamites en 1874, à Saïgon, l'amiral remarqua que, suivant les annales de leur pays, l'Annam avait été pendant longtemps sous la protection de la Chine, le mot *protection* impliquant, suivant l'interprétation annamite du terme, le droit absolument despotique d'un père sur son fils. Les ambassadeurs annamites protestèrent énergiquement contre cette interprétation et déclarèrent que la cour de Hué n'avait jamais reconnu la suzeraineté de la Chine. L'amiral leur rappela les tributs envoyés à Pékin ; les ambassadeurs répondirent que l'Annam, étant beaucoup plus petit que la Chine, sa voisine, avait été envahi fréquemment par les armées chinoises et obligé de se soumettre contre sa volonté ; qu'à des intervalles irréguliers et éloignés, les Annamites avaient envoyé des présents à Pékin pour s'éviter des ennuis, mais qu'ils n'avaient jamais commis d'acte qui pût être interprété comme une reconnaissance de leur soumission.

C'est exactement la définition que donne Vattel de l'Etat tributaire : « Il n'y a pas plus de difficulté à l'égard des Etats *tributaires*, car, bien qu'un tribut payé à une puissance étrangère diminue quelque chose de la dignité de ces Etats, étant un aveu de leur faiblesse, il laisse subsister entièrement leur souveraineté. L'usage de payer tribut était autrefois très fréquent ; les plus faibles se rachetaient par là des vexations du plus fort, en se ménageant à ce prix sa protection, sans cesser d'être souverains. »

***

Mais, nous dira-t-on, puisque cette soi-disant suzeraineté n'est que platonique, qu'elle n'est qu'une tradition sans importance pratique, pourquoi tout en traitant directement avec l'Annam et en lui imposant notre protectorat, ne pas laisser à la Chine la légère satisfaction de voir reconnaître la coutume ? Simplement parce que d'un privilège purement honorifique, la Chine prétend faire un droit absolu et que, s'appuyant sur une fiction, elle voudrait obtenir une suzeraineté réelle. Comme l'a fort bien dit M. le marquis Tseng, dans une conversation reproduite par le *Temps*, du 28 juin de cette année : « La question à débattre à Shanghaï comme à Paris est celle des droits de suzeraineté de la Chine sur l'Annam, et c'est de l'accord qui interviendra entre les deux gouvernements sur ce premier point que dépendra l'issue de toutes les négociations ultérieures. »

Or, nous venons d'examiner quelle était la valeur de la soi-disant suzeraineté de la Chine, quelles étaient les prétentions chimériques du Céleste-Empire. La base même des négociations de M. le marquis Tseng n'existe pas. C'est ce que nous voulions démontrer.

III

L'ANGLETERRE ET L'ANNAM

On pourrait s'étonner à première vue que les Anglais, dans l'acquisition de leurs colonies, n'aient pas tenté de faire sur la côte orientale de l'Indo-Chine ce qui leur a si bien réussi sur la côte occidentale. Deux causes les en ont empêchés : les Anglais ont été — dans peu de cas — les premiers possesseurs de leurs colonies actuelles; ils ont succédé, soit par droit de conquête, soit par achat, soit par cession volontaire aux Portugais, aux Hollandais ou aux Français. Dans le cas de la Cochinchine, lors des grandes répartitions des colonies, qui leur ont été si favorables aux traités de 1763, 1783 et de 1815, aucune nation européenne n'avait, soit en Cochinchine, soit au Tong-King, de possession qui pût exciter la convoitise de la reine des mers. Si les clauses du traité de Versailles de 1787 avaient été exécutées, et que le secours promis à l'empereur Gia-Long par le roi Louis XVI eût été accordé, les possessions qui nous étaient cédées en retour par l'Annam fussent sans doute tombées entre les mains de l'Angleterre pendant les guerres du premier empire. C'est donc par un hasard providentiel que les projets de l'évêque d'Adran ne furent pas alors réalisés, car lorsque nous avons voulu, il y a une trentaine d'années, établir en Cochinchine une colonie, nous avons trouvé le champ absolument libre.

***

D'une autre part, les efforts personnels des Anglais pour établir directement des relations avec l'Annam ont été, ainsi que nous allons le montrer, peu heureuses.

Les Anglais avaient une factorerie au Tong-King qu'ils abandonnèrent en 1698, mais ils continuèrent à commercer avec ce pays jusqu'en 1719, époque à laquelle un acte de violence commis par un navire anglais du Bengale les obligea à cesser toute relation avec cette contrée. Ce navire, chargé et prêt à prendre la mer, descendait la rivière de Hanoï lorsque son subrécargue fit venir à bord une fille du pays avec l'intention de l'emmener avec lui. Les amis de la jeune fille informèrent le magistrat de ce qui s'était passé; on réclama la Tong-Kinoise; le subrécargue refusa de rendre sa maîtresse; les hostilités commencèrent immédiatement; il y eut des tués des deux côtés, y compris le capitaine du navire anglais, mais le subrécargue garda sa proie. Le capitaine Hamilton, qui écrivait huit ans après l'événement, disait qu'il n'avait plus entendu parler de commerce au Tong-King depuis.

Quand Pierre Poivre arriva en Cochinchine en 1749, les Portugais y étaient installés depuis trois ou quatre ans; ils y avaient d'ailleurs donné une mauvaise idée des Européens en commerçant comme les Chinois et en s'assujettissant aux usages du pays. Les Hollandais avaient déjà paru dans le pays. « Le hasard, dit Poivre, a amené un Anglais à la Cochinchine : l'Anglais Douffe (? Duff) passant dans une jonque chinoise de Canton à Batavia, à la fin de 1747, fut pris d'un coup de vent entre les Paracels et la Cochinchine qui l'obligea de relâcher dans ce pays. Le roi fit venir cet Européen et lui demanda s'il n'était point médecin. Il se trouvait être médecin et guérit le prince d'une fistule fort dangereuse.

» Cette cure lui donna beaucoup de réputation et de crédit à la cour. Il en profita pour se faire restituer quelques marchandises qui lui avaient été volées par les mandarins et obtint la permission de voyager le long des côtes du royaume. Il fut au Cambodge, qu'il parcourut, tira les plans des anses, des baies qui lui parurent commodes pour un débarquement, et retourna à la cour. Il continua à cultiver la bienveillance du roi, qui le fit mandarin du premier ordre. Ce prince lui offrit une galère entretenue, des soldats, des domestiques, et 4,000 quans par an, pour être son médecin. Douffe, qui crut voir un objet de fortune plus réelle en retournant à Macao, pour y faire un armement, remercia le roi, qui lui fit promettre en partant de revenir l'année suivante.

» Ce qui fait croire, continue Poivre, que cet Anglais ne comptait pas venir en Cochinchine, et qu'il n'y était point envoyé par la Compagnie d'Angleterre, c'est qu'il y a laissé quelques marchandises à l'usage des Hollandais de Batavia, dont on n'avait pu encore trouver la défaite à notre départ de la Cochinchine. »

**

Au mois de février 1778, deux mandarins annamites arrivèrent à Calcutta à bord du navire le *Rumbold*. Le hasard seul était cause de leur visite. Le *Rumbold*, à destination de la Chine, s'était arrêté en Cochinchine à son retour; un jésuite, le P. Lorico, avait fait demander à Tourane au capitaine du navire un passeport pour lui et deux mandarins de distinction, alliés à la famille royale, pour se rendre dans la province de Saïgon, où le roi s'était réfugié. Le P. Lorico avait rendu, en 1764, de grands services aux officiers et à l'équipage de l'*Admiral-Pocock* qui, dans un gros temps, avait été obligé de se réfugier dans la baie de Tourane. Le capitaine du *Rumbold* accorda au missionnaire sa demande, mais un violent orage et la force du courant l'empêchèrent de débarquer ses passagers au Donnaï, et force lui fut de les conduire jusqu'à Calcutta.

Le P. Lorico et ses deux compagnons furent présentés à Warren Hastings; on les traita fort bien, et au mois d'avril, MM. Croftes et Killican, co-propriétaires du *Rumbold*, affrétèrent un petit navire de 70 à 80 tonneaux pour les reconduire. A la suite d'une conversation avec les mandarins, M. Chapman, qui nous a laissé le récit de cette campagne, se décida à les accompagner et fit part de sa résolution au gouverneur général; la Compagnie des Indes mit à sa disposition un petit bâtiment, l'*Amazon*.

Le but que se proposait M. Chapman était d'établir des relations entre la Compagnie des Indes orientales et la Cochinchine et d'obtenir pour les vaisseaux anglais les privilèges que le gouvernement annamite serait disposé à accorder. L'*Amazon*, capitaine Mac-Clenan, porteur de Chapman, d'un mandarin, etc., partit le 16 avril, précédé de quelques jours par le petit navire la *Jenny*, capitaine Hutton, de MM. Croftes et Killican, avec l'autre mandarin qui d'ailleurs mourut en route. Après avoir fait escale à plusieurs endroits, notamment à Malacca et dans la basse Cochinchine, l'*Amazon* jeta l'ancre dans la baie de Quinhon, le 13 juillet. Chapman fut fort bien reçu par l'un des chefs rebelles, Ignaack, qui lui fit part de quelques-uns de ses futurs desseins. Le 28 juillet, l'*Amazon* partit pour Tourane, où elle arriva le 2 août. Chapman visita Hué. D'abord bien reçu, parce qu'on l'avait craint, il ne tarda pas à s'apercevoir que les sentiments changeaient à son égard. Dès le commencement d'octobre, il reçut avis que le gouvernement nourrissait de mauvais desseins contre lui. Le 7 novembre, le danger devint imminent; Chapman retourna à bord de l'*Amazon*, à l'entrée de la rivière de Hué; le jour suivant il s'aperçut que des jonques l'entouraient et menaçaient de l'envahir, et qu'à terre on faisait de grands préparatifs pour l'attaquer. Le 14, Chapman fut obligé d'ouvrir le feu; après avoir failli perdre son vaisseau dans un mauvais temps et essuyé le feu de l'ennemi pendant plusieurs jours, il réussit, à la faveur de la nuit, à quitter son mouillage, et il jeta l'ancre le lendemain matin, à onze heures, dans la baie de Tourane, où la *Jenny*, qui avait été endommagée, fut réparée. Le 18 décembre, les Anglais quittèrent Tourane; l'*Amazon* mouillait le 23 décembre dans les eaux de Malacca, et était enfin de retour à Calcutta, le 16 février, après un voyage aussi malheureux que pénible.

⁎

Le second effort des Anglais pour établir des relations commerciales avec la Cochinchine eut lieu deux ans environ avant la publication (1806), de l'ouvrage de John Barrow, qui accompagnait lord Macartney. La cour des directeurs de la Compagnie des Indes orientales, pensant que Gia-Long se montrerait mieux disposé que son ancien ennemi en faveur des Anglais, envoya un de ses employés en mission secrète auprès du souverain annamite. Arrivé à Canton, l'émissaire anglais étant tombé malade, il chargea l'un des subrécargues de l'Est-India Company de le remplacer. Le subrécargue, ignorant la langue annamite, se rendit à la cour de Cochinchine. Il fut reçu froidement par Gia-Long, qui se montra peu favorable à ses propositions ; et, comme l'écrit Barrow, la conduite réservée, pour ne pas dire méprisante, de tout le monde à la cour à l'égard de l'ambassadeur de l'East-India Company, rend très probable la supposition que les présents qu'il fit de la part de ses chefs ne furent pas offerts avec le cérémonial nécessaire.

Lord Macartney s'arrêta à Tourane pendant son voyage d'Angleterre en Chine, lors de la célèbre ambassade de 1792-1794. L'Annam était alors entre les mains de l'usurpateur ; ce dernier craignit un moment que l'escadre anglaise ne fût une expédition française dirigée contre lui ; mais, l'objet de la mission lui ayant été expliqué, il reçut convenablement l'ambassadeur d'Angleterre, à qui l'on fit même des ouvertures pour l'achat d'armes et de munitions.

Une dernière tentative fut faite dans les années 1821 et 1822 par les Anglais pour établir des relations commerciales avec la Cochinchine. Le gouverneur général du Bengale envoya dans ce but une ambassade aux cours de Bangkok et de Hué, à la tête de laquelle fut placé Mr. John Crawfurd. La mission ne réussit pas. Minh-Mang, qui venait de succéder à son père Gia-Long sur le trône d'Annam, redoutait l'Angleterre, la puissante alliée de Siam, l'ennemie de la Cochinchine, qui faisait la guerre à la Birmanie. A son arrivée à Hué, en septembre 1822, Crawfurd sollicita une audience de l'empereur, qui lui fut refusée sous le prétexte qu'il n'était que le fondé de pouvoirs, d'un gouverneur général. On s'étonna même que ce dernier eût agi contrairement aux usages en adressant ses lettres directement au roi. Crawfurd traita ensuite avec le mandarin des étrangers, qui lui accorda, au nom de son maître, la permission de venir commercer dans tous les ports de l'empire, ceux du Tong-King exceptés, en se conformant toutefois aux lois et aux usages du pays.

*

Ainsi donc, il n'y a pas eu pour l'Angleterre, comme pour la France, dans ses négociations avec l'Annam, une série de précédents formant une sorte de politique traditionnelle. Si l'Angleterre prend un grand intérêt dans la question franco-chinoise actuelle, ce n'est pas qu'elle revendique pour elle le bénéfice de la position prise par la France, mais bien afin de savoir comment peuvent être affectés ses intérêts politiques et commerciaux par les changements qui s'opèrent dans la portion nord-est de la presqu'île indo-chinoise.

L'Angleterre possède aujourd'hui dans l'Indo-Chine des intérêts de premier ordre. Des guerres heureuses lui permirent de s'emparer de l'Assam, de l'Arakan, du Pégou et du Ténassérim. Ces conquêtes isolaient la Birmanie du reste du monde, donnaient à la Grande-Bretagne la possession d'un des plus grands cours d'eau de cette région, l'Irraouaddy, permettaient la création d'un des centres commerciaux les plus importants de l'Asie orientale à l'embouchure de ce fleuve, Rangoun, et ouvraient une nouvelle route à la Chine. Il est naturel que la position acquise par la France sur la côte orientale de l'Indo-Chine ait attiré l'attention de l'Angleterre. Comme elle, nous cherchons à prendre possession d'un cours d'eau qui nous permettra de créer des centres commerciaux et qui ouvrira une nouvelle route vers les provinces sud-ouest de la Chine.

Le royaume d'Annam est maintenant sous notre protectorat, mais en bonne foi, l'Angleterre aurait mauvaise grâce à nous reprocher de faire d'un côté de la péninsule ce qu'elle-même a fait de l'autre. Si nous avions fait cette expédition dans le but de balancer son influence ou de contrecarrer ses desseins, l'Angleterre pourrait s'inquiéter avec juste raison. Loin de là, nous lui fournissons l'occasion et un excellent prétexte pour accomplir ses projets : nul doute qu'elle ne profite des circonstances présentes pour annexer la Birmanie à ses autres possessions. Au point de vue politique, nos intérêts sont absolument identiques : nous avons agi de la même manière à l'égard des puissances de l'Indo-Chine, et nous nous trouvons placés vis-à-vis de la Chine dans une position absolument semblable. Les difficultés que fait naître la Chine aujourd'hui, les Anglais les ont déjà éprouvées lors de l'expédition du colonel Horace Browne et les éprouveront certainement encore.

La tactique de la Chine, renouvelée des anciens, est de diviser ses ennemis pour les combattre séparément, et elle serait fort heureuse de semer la mésintelligence entre les puissances occidentales. L'Angleterre et la France n'ont même pas chance de se rencontrer puisqu'il existe entre leurs possessions cette fameuse zone neutre que la Chine voudrait établir entre elle et l'Annam : c'est le royaume de Siam avec ses possessions du Laos ; l'intégrité de cet empire sera donc désormais l'objet de la sollicitude de tous les intéressés. Il est même nécessaire d'ajouter que le but véritable de notre expédition au Tong-King n'est pas simplement de nous assurer la possession de cette colonie, mais bien d'amener l'ouverture au commerce européen de la frontière sud-ouest de la Chine.

Il est donc indispensable qu'il n'existe pas entre le Céleste-Empire et les possessions françaises de zone neutre, et qu'il y ait *contact* dans la frontière des deux nations. Ainsi que le fait remarquer un négociant anglais, dans une lettre du 19 mai 1883, adressée au *North China Herald* (numéro du 22 juin 1883), dans cette question du contact des frontières, il y a similitude d'intérêts pour les Anglais en Birmanie comme pour les Français en Annam.

« Tous ceux, dit le correspondant du journal de Shanghaï, qui ont connaissance de l'intérêt porté en Angleterre au voyage de M. Colquhoun « Across Chryse » et au chemin de fer qu'il a proposé pour relier la Birmanie avec le Yunnan, verront tout de suite que le gouvernement anglais ne saurait admettre l'existence d'une zone neutre entre son territoire birman et le Yunnan; et afin de prévoir une proposition de ce genre de la part de la Chine, il est dans l'intérêt de la Grande-Bretagne que le principe de la non-existence d'une zone neutre entre l'Annam français, le Yunnan et les deux Kuang, soit réglé définitivement sur la base adoptée par le gouvernement français, et par suite la Grande-Bretagne doit appuyer le gouvernement français dans ses contestations diplomatiques présentes avec la Chine, sur ce point des frontières communes. »

A un point de vue commercial, il n'est jamais venu à l'idée d'un Anglais sensé de discuter la supériorité de l'administration française sur l'administration chinoise. La politique étrangère anglaise est guidée surtout par ses intérêts commerciaux. Il est hors de doute que la présence d'employés français sur le fleuve Rouge, à la place des faibles fonctionnaires annamites, offrira au commerce étranger en général, et au commerce anglais en particulier, une sécurité inconnue jusqu'à présent, même en Chine, témoin les événements dont Canton vient d'être récemment le théâtre.

Aussi n'est-ce pas dans les feuilles politiques de Londres qu'il faut chercher le véritable sentiment de l'Angleterre sur la question du Tong-King, car leurs articles leur sont dictés pour la plupart, soit par des intérêts électoraux, soit par des intérêts personnels. C'est en

Chine même, chez les négociants anglais, qui seront les premiers à gagner ou à souffrir du nouvel état de choses, qu'il faut demander un avis sur notre expédition. Il faut reconnaître alors que, soit à Shanghaï, soit à Hong-Kong, il n'y a pas deux interprétations à donner aux désirs des commerçants du pays, qu'ils soient exprimés par le *North China Daily News* ou par le *Hong-Kong Daily Press*.

Cette opinion peut se formuler dans les paroles mêmes du correspondant de l'un de ces journaux : « Tous ceux qui ont observé le développement du commerce anglais dans la Chine méridionale, depuis l'occupation française de la Cochinchine, doivent en conclure que l'ouverture de l'Annam et de la Chine par la France sera excessivement profitable à ce commerce. Un champ immense lui sera ouvert par ce nouveau canal et les Français méritent nos plus grandes sympathies et notre meilleur vouloir pour la détermination qu'ils ont prise de détruire l'isolement de la Chine du côté du continent. »

Nul doute que le *Home Government*, à l'abri des passions qui agitent la presse, ne partage les sentiments de ses colons à notre égard. Il sait fort bien que toute concession obtenue par la Chine au détriment de la France dans l'Annam, servira d'arme contre l'Angleterre dans la Birmanie.

IV

LA CHINE ET LES PUISSANCES EUROPÉENNES

L'histoire des relations de la Chine avec les puissances européennes peut être divisée en deux périodes bien distinctes, toutes les deux d'ailleurs marquées par des luttes et des négociations. A la suite des Portugais, arrivés à Canton en 1514, les Hollandais, les Anglais, les Français, les Suédois, etc., débarquèrent à leur tour. Attirés par le désir de commercer, les négociants de ces différentes nationalités se trouvèrent en présence d'un gouvernement absolument hostile à la présence des étrangers. En conséquence, il ne leur fut permis de résider que dans une seule ville de l'empire, à Canton, dans un seul quartier de cette ville, et ils ne purent traiter de leurs affaires ni avec le producteur, ni avec le consommateur, ni même avec le représentant de ces derniers, mais par l'intermédiaire de négociants officiels connus sous le nom de *marchands hannistes*.

Lorsque ces étrangers osaient faire des réclamations, ils étaient traités avec la dernière dureté ; on restreignait les quelques privilèges qu'on leur avait à grand'peine accordés : leur position parfois était intenable. L'éloignement de la Chine, la longueur du voyage, le peu de connaissances que l'on avait des forces de l'empire, faisaient tolérer ou plutôt laissaient subsister, par les pays occidentaux, un état de chose lamentable pour les intérêts et humiliants pour la dignité de leurs nationaux. Il fallut un coup de force des Anglais, à la suite de la saisie de leur opium, la guerre de 1842, pour modifier la position des étrangers en Chine. Après le traité de Nankin, de 1842, qui ouvrait au commerce européen les cinq ports de Canton, Emoui, Fou-Tcheou, Ning-Po et Shanghaï, la France avec M. de Lagrené, les États-Unis avec Mr. Caleb Cushing, puis les autres pays signèrent avec la Chine de semblables traités. La seconde période de l'histoire de nos relations avec le Céleste-Empire commençait.

Le traité de Nankin avait ouvert des débouchés nouveaux à nos produits commerciaux, mais n'avait pas réussi à établir entre la Chine et nous des relations constantes et diplomatiques. La guerre de 1860, les traités de Tien-Tsin et la convention de Pékin ouvraient de nouveaux ports et faisaient faire un pas décisif à notre diplomatie. Les étrangers eurent le droit d'établir des légations à Pékin, mais il n'y avait pas encore réciprocité. Ce ne fut qu'en 1876 à la suite de la convention de Tche-Fou, signée par Mr. (maintenant sir) Thomas Wade, après les négociations qui suivirent l'assassinat du jeune interprète Margary, que la Chine fut obligée à son tour d'envoyer des ambassades en Europe. Une concession doit être encore obtenue, c'est que nos représentants soient traités à Pékin comme ceux de la Chine le sont en Europe.

***

Ainsi donc nous ne sommes pas en Chine établis avec le bon vouloir du gouvernement, nous y sommes par droit de conquête et nous devons par conséquent nous tenir continuellement sur nos gardes. De sanglantes catastrophes sont venues quelquefois soudain nous arracher à la sécurité dans laquelle nous nous endormions ; ce sera pour les Français l'épouvantable massacre de Tien-Tsin, pour les Anglais l'attaque de la mission du colonel Horace Browne et le meurtre de Margary. Aux théoriciens qui s'imaginent que la Chine d'aujourd'hui n'a plus les sentiments de la Chine d'il y a vingt ans, les événements récents de Canton montreront que rien n'est changé dans le moins changeant des empires. Il ne faut pas juger de la Chine actuelle par les représentants qu'elle nous envoie, courtois comme M. le marquis Tseng à Paris, intelligent comme Li-Fong-Pao à Berlin, grand seigneur comme l'était Tchong-Heou à Pétersbourg. Ce ne sont que des porte-voix qu'on désavoue le plus aisément du monde. Le dernier de ces diplomates en a fait une triste expérience, puisqu'après la conclusion du traité de Livadia il fut condamné à mort : cependant il était muni de pleins pouvoirs et la dénonciation de son traité par les ministres à Pékin eût été, si la Russie l'avait désiré, un *casus belli* au premier chef.

Toutes les armes sont donc bonnes contre nous : que ce soit la trahison comme à Tong-Tcheou, en 1860, lorsque, malgré la parole jurée, des Anglais et des Français furent attirés dans un guet-apens, faits prisonniers et horriblement torturés, ou l'intimidation directe comme dans les négociations présentes, dans le cours desquelles la Chine nous laisse entrevoir la possibilité d'une guerre qu'elle ne veut ni ne peut faire. Toutes les nations étrangères ont eu leurs difficultés avec la Chine, et ce qui se fait contre l'une s'est fait ou se fera contre l'autre. S'il était possible, par un décret, d'expulser tous les étrangers de la Chine, il serait signé depuis fort longtemps. Il existe par suite une solidarité complète d'intérêts entre les diverses nations chrétiennes et il importe qu'elles se soutiennent les unes les autres dans leurs revendications.

En même temps que les Européens cherchaient à pénétrer dans la Chine, ils fondaient dans les pays voisins des comptoirs. Les circonstances permirent dans certains cas de transformer ces comptoirs en colonies, et la Chine, qui n'ouvre que ses ports aux étrangers, voit ceux-ci presser sa frontière de terre de toutes parts. Redoutant de voir son territoire envahi à son tour, elle cherche à faire rétrograder les envahisseurs ou à arrêter leur marche en élevant des prétentions sur les contrées limitrophes.

La Chine, empire du Milieu, considère les autres peuples comme ses tributaires. On n'ignore pas que, lorsque Macartney se rendit à Pékin, les pavillons des bateaux avec lesquels il remonta le Pei-Ho portaient, en larges caractères chinois : « Ambassadeur portant le tribut de l'Angleterre. » En réalité, la Birmanie, l'Annam, le Siam, les îles Lieou-Kieou, le Laos et la Corée sont les pays que la Chine considère comme ses tributaires. Nous pourrions y ajouter la Hollande, qui est comprise dans la liste comme ayant reçu, en 1687, l'ordre d'envoyer à la Chine un tribut tous les cinq ans. C'est sous ce nom de « tributaires » que ces pays sont indiqués dans le *Ta Tsing Hoei Tien* ou Recueil des statuts administratifs de l'empire, qui mentionne également les investitures conférées aux différents souverains, comme autant de précédents que la cour de Pékin évoquera selon ses besoins.

C'est par ces pays tributaires que, depuis une quinzaine d'années, certaines puissances occidentales tendent, d'une manière marquée, à se rapprocher des frontières de la Chine ; et ce mouvement simultané résulte non pas d'une entente préalable, mais d'une parité d'intérêts qui, se faisant jour parallèlement sur des points différents, ne peuvent se gêner les uns les autres et deviennent connexes. A l'est, le Japon est maître des îles Lieou-Kieou, et se rappellera, le cas échéant, la facilité de son débarquement à Formose en 1874 ; au nord-ouest, la Russie n'a pas signé le traité de Kouldja sans conserver un lambeau du Turkestan chinois ; au nord, cette même Russie occupe toute la frontière limitée en partie par le fleuve Amour, en partie par le Songari, qui lui permet de faire un crochet menaçant vers la Corée ; au sud, la France, au Tong-King, cherche à établir son protectorat et à former des relations avec le Yunnan, par Lao-Kaï ; au sud-ouest, l'Angleterre entretient un résident au Népaul, poste avancé du côté du Thibet. Maîtresse de toutes les côtes occidentales de l'Indo-Chine, elle cherche à se frayer, par la vallée de l'Irraouaddy et la Birmanie septentrionale, une route au Yunnan par Bhamo et Mommien. S'il n'est pas possible de combiner ces efforts isolés, il est du moins probable, pour ne pas dire certain, que les puissances occidentales qui les font ont un intérêt réel à ce qu'aucune d'elles, dans le règlement de ses relations de voisinage avec la Chine, ne fasse à celle-ci des concessions que la cour de Pékin retournerait un jour contre les autres.

En un mot, si l'Angleterre a sur la Birmanie septentrionale des vues analogues à celles que nous avons sur le Tong-King, ne semble-t-il pas évident qu'elle est intéressée à ce que les concessions que nous demande le gouvernement chinois se réduisent à ce qu'elle sera elle-même prête à lui accorder. De même que la Chine n'a rien dit tant que notre action s'est bornée aux provinces méridionales de la Cochinchine, de même aussi la Chine se tait et se taira tant que les Anglais resteront dans les limites de leurs provinces maritimes. Mais le jour où leur action, se rapprochant des frontières du Yunnan, rendra l'analogie plus complète, la Chine viendra vraisemblablement rappeler au gouvernement de la reine que la Birmanie est sa tributaire, que la cour de Mandalay demande aide et assistance à la cour de Pékin depuis 1875 ; qu'il existe une longue tradition d'investiture qui, pour avoir sommeillé quelque temps, n'en conserve pas moins le droit qu'a un Etat de s'occuper de ce qui se passe chez un voisin séparé par une frontière commune ; que les intérêts des colons chinois sur le territoire birman lui font un droit d'intervenir, etc., etc. ; toutes raisons que la Chine nous expose aujourd'hui pour appuyer ses exigences et expliquer son immixtion au sujet de l'Annam.

*_**

En résumé, nous croyons pouvoir conclure de ce qui précède qu'il y a non seulement solidarité complète des intérêts européens en Chine, mais encore dans les divers projets de colonisation qui limitent ce vaste empire, et que les avantages immédiats, que retirerait une puissance occidentale quelconque en retour de la complaisance qu'elle aurait mise à faciliter, de notre part, des concessions envers la Chine, ne pourront jamais compenser pour cette puissance les conséquences à venir d'une telle faute politique.

V

PROCÉDÉS DIPLOMATIQUES DES CHINOIS

Nous croyons avoir prouvé surabondamment la solidarité de tous les partis dans une question séculaire dont la solution incombe au gouvernement actuel, la solidarité de toutes les puissances occidentales dans un conflit qui, s'il se terminait au détriment de la France, servirait de précédent, dans un avenir très rapproché, contre d'autres pays qui pourraient se trouver en divergence d'intérêts avec le Céleste-Empire ; enfin, que les droits de la Chine sur l'Annam, en réalité, se réduisaient à rien. Il nous reste maintenant à exposer les procédés par lesquels les Chinois ont combattu les intérêts des étrangers en général et les nôtres en particulier.

Si nous ne nous étions trouvés sur les bords du Song-Koï qu'en présence des Annamites, la question du Tong-King serait aujourd'hui définitivement réglée. En effet, la mort de Tu-Duc, l'avènement de Hiep-Hoa, la signature du traité de Hué, l'envoi au Tong-King de mandarins chargés d'opérer le désarmement des indigènes, tels sont les événements qui ont fait disparaître du conflit l'élément annamite, ou du moins l'ont transformé officiellement d'adversaire en allié. Malheureusement nous avons à combattre d'autres ennemis plus redoutables, les Chinois, soit par la force des armes, quand ce sont des bandits appelés Pavillons noirs ou même des troupes régulières ayant passé la frontière au mépris du droit des gens, soit par la force de nos arguments, quand ce sont des diplomates représentant le gouvernement de Pékin.

Il était fort naturel que la Chine prit un grand intérêt aux changements qui pouvaient survenir dans un pays limitrophe avec lequel elle entretenait depuis longtemps des relations d'amitié. Il lui importait également de savoir si les intérêts commerciaux de ses nombreux sujets, établis dans l'Annam, ne seraient pas lésés par un nouvel état de choses. Aussi, lorsque le ministre de Chine à Paris demandait officiellement des renseignements sur l'action que la France préparait au Tong-King, il était juste, ainsi que l'a fait notre ministre des affaires étrangères, de témoigner au représentant du Céleste-Empire de nos bonnes dispositions en ne refusant pas toute explication. Après avoir exposé les raisons qui ne nous permettent pas de traiter avec la Chine des affaires de l'Annam, raisons multiples que connaissent fort bien maintenant nos lecteurs, le ministre des affaires étrangères, aux termes du *Livre Jaune*, qui a été distribué au Parlement, ajouta qu'il était prêt à ouvrir des négociations, soit à Paris, soit à Pékin, en vue du règlement des questions commerciales qui pouvaient exister entre les deux pays. C'était tout ce que la Chine pouvait raisonnablement espérer.

La Chine, dont la base des négociations n'est pas encore bien assise, a augmenté ses prétentions au fur et à mesure que nous nous montrions plus conciliants. Pour arriver au but qu'elle poursuit, c'est-à-dire pour nous faire évacuer le Tong-King et annuler les traités de Hué de 1883 et de Saïgon de 1874, but qui, entre parenthèses, se rattache à un vaste plan d'expulsion des étrangers de l'Extrême Orient, la Chine emploie contre nous des moyens qui nous sont déjà connus en partie, et qu'il importe d'indiquer pour ne pas laisser l'opinion publique être égarée par de vaines fanfaronnades.

***

En 1874, quelques sujets japonais ayant été massacrés par les aborigènes de Formose, et les Chinois ayant refusé d'intervenir pour donner satisfaction aux réclamations du Japon, celui-ci résolut de se faire justice lui-même et envoya un cuirassé et des troupes pour tirer une vengeance éclatante des meurtriers. Grand émoi en Chine. Placards incendiaires dans toutes les villes, rapports belliqueux des censeurs, le Dragon impérial va dévorer ces insensés capables de violer ses Etats; dans les arsenaux de Shanghaï et de Fou-Tcheou, on déploie une activité effrayante; une maison américaine est chargée de négocier avec Baring Brothers et Cie, de Londres l'achat de deux cuirassés danois qui sont à vendre sur chantier; des troupes sont expédiées à Formose, une guerre terrible est imminente. Tout à coup on apprend que ce beau feu s'est éteint. Le ministre d'Angleterre a fait comprendre au Tsong-li-Yamen que les quatre cents millions d'habitants de la Chine sont incapables de faire la guerre aux trente-trois millions d'habitants du Japon; le Fils du Ciel baisse pavillon devant le Mikado; l'empire du Milieu signe un traité avec l'empire du Soleil Levant, qui reçoit une indemnité considérable. Les Japonais rembarqués, on arrête le travail dans les arsenaux, on rompt les négociations avec les Baring, on rappelle les troupes de Formose, et quelles troupes mon Dieu! Il faut les avoir vues défiler sur le quai à Shanghaï pour s'en faire une idée : jamais, même au temps de la Ligue, vit-on procession plus grotesque de voleurs, de mendiants, de gens dépenaillés armés de hallebardes rouillées, de sabres ébréchés et de fusils à pierre !

Deux années plus tard, en 1876, c'était avec l'Angleterre que la Chine avait des difficultés. On avait simplement, malgré les passeports en règle de Pékin, assassiné sur la frontière de Yunnan un jeune interprète anglais, Margary, et attaqué l'expédition d'exploration commandée par le colonel Horace Browne. Nous nous rappelons parfaitement que, au mois de septembre, nous partîmes de Tche-Fou avec la nouvelle quasi officielle de la guerre. Au dernier moment, les Chinois, épouvantés, signaient une convention avec l'Angleterre.

En 1880, c'était le tour de la Russie. Un traité signé à Livadia par un plénipotentiaire chinois muni de pleins pouvoirs, Tchoung-Heou, était dénoncé à Pékin; c'était un *casus belli*. La Russie, avec beaucoup de condescendance, recommença avec M. le marquis de Tseng les négociations sur de nouvelles bases. Les Chinois, qui prenaient la longanimité des Russes pour de la faiblesse, devinrent plus exigeants : quelques manœuvres savantes de l'amiral Lessovsky, sur les côtes de la Chine, décidèrent les Chinois à signer un traité le 12 février 1881.

Ce qui s'est passé pour le Japon, l'Angleterre et la Russie, se passe également pour nous aujourd'hui : la Chine ira aussi loin qu'elle le pourra dans la voie de l'intimidation; le censeur Tchang-Ti-Tong, qui fit en 1880 un rapport fulminant contre les Russes, trouvera des successeurs; le vice-roi du Tche-Li fera rédiger des *memoranda* par des légistes à ses gages; on parlera de concentration de troupes, de marches et de contre-marches; on passera des marchés pour l'achat d'armes et de bâtiments de guerre en Europe; mais, dès que le commandant de notre escadre aura coulé quelques jonques et arrêté le transport du riz, la Chine aura immédiatement recours à la médiation soit de l'Angleterre, soit des Etats-Unis, pour arrêter le cours des hostilités qu'elle-même aura provoquées.

***

Nous venons d'étudier les procédés généraux des Chinois avec les étrangers dans des négociations importantes d'où pouvait sortir la paix ou la guerre. Nous nous proposons maintenant d'indiquer les moyens spéciaux que la Chine a mis en usage contre nous dans le règlement de la question du Tong-King.

Renseignée par les espions qu'entretiennent au Tong-King les gouverneurs des provinces chinoises du Yunnan et du Kouang-Si, la cour de Pékin devait fatalement se préoccuper un jour de ses futures relations de voisinage avec nous. Il est non moins vraisemblable que les gouverneurs de ces deux provinces, croyant à tort que notre présence au Tong-King deviendrait un péril pour l'intégrité des territoires chinois qui lui sont contigus, ont dû envoyer à Pékin rapports sur rapports, pour exprimer leurs craintes, si mal fondées qu'elles fussent. Le Fils du Ciel, en pareil cas, cela eut lieu lors du conflit russo-chinois, consulte toutes les hautes autorités métropolitaines et provinciales de l'empire. Ainsi fit-il pour la question du Tong-King, soit à l'automne de 1881, soit au printemps de 1882 : les journaux chinois ne nous donnent pas la date exacte. Quel était le sens de la circulaire impériale dans laquelle la cour de Pékin demandait ces conseils? Bien qu'il soit difficile de le préciser, cette circulaire ne devait pas différer sensiblement de celle qu'elle leur adressait il y a quatre ans, lors des affaires russes :
« Entendez-vous les uns les autres, afin de me soumettre les mesures préventives qui vous paraîtront les meilleures à prendre en vue de maintenir la sécurité de nos frontières, sans tirer nos arcs de leurs gaines, et songez qu'il ne faut pas imprudemment lancer la Chine dans une aventure, ni prendre une attitude que les événements ne viendraient pas justifier. »

Quant aux conseils que reçut, à cette occasion, la cour de Pékin, ils ne pouvaient qu'être chinois, si l'on en juge surtout par ce qui s'est passé depuis lors. On peut présumer qu'ils se résumaient en ceci : « Intimidons de telle sorte la France, qu'elle renonce à ses projets. »

Cette politique de la Chine s'est alors traduite par la recrudescence des travaux de fortification défensive sur quelques points des côtes chinoises, par la promenade peu militaire de quelques troupes d'une province à l'autre, par des commandes ou même des semblants de commandes d'armes, faites à grand fracas à l'étranger, par la concentration d'une armée d'observation sur les frontières du Tong-King, par le bruit habilement répandu que le vice-roi Li Hong-Tchang était nommé généralissime dans les provinces méridionales de l'empire, enfin, par une campagne d'intimidation menée à grands frais par les *crocodiles* de la Chine dans certains organes de la presse étrangère européenne, et dont la presse française en général s'est faite parfois inconsciemment l'écho. La Chine doit amèrement regretter aujourd'hui cette politique par son inutilité et par ses résultats contraires à ce que ses promoteurs en attendaient. En effet, nous n'avons pas été intimidés au point d'interrompre l'envoi des renforts nécessaires à notre expédition du Tong-King; quant aux résultats, les voici : en laissant parader des troupes comme il l'a fait, en faisant courir le bruit que Li Hong-Tchang allait être envoyé dans le Sud comme généralissime, le gouvernement chinois a surtout réussi à inquiéter le négoce et à faire affluer dans ses ports, et notamment à Han-Keou et à Canton, une nuée de vagabonds et d'anciens soldats licenciés qui bientôt, encombrant les villes du littoral et leurs faubourgs, réclamèrent des engagements qu'on ne voulut pas leur accorder, exigèrent alors, d'une manière menaçante, des indemnités pour s'en retourner dans leurs foyers, et devinrent ainsi, avec l'appui des sociétés secrètes, des éléments de trouble pour la répression desquels la Chine n'a pas trop de toutes ses forces.

***

Cet état de choses, dont nous n'avons été que la bien innocente occasion, n'est donc imputable qu'aux mauvais avis qu'ont recueillis la cour de Pékin et ses représentants, tant de leurs conseillers chinois que de certains conseillers européens qui, bien que grassement payés par la Chine, s'inspirent à l'occasion moins des intérêts réels de celle-ci que des sentiments de haine personnelle qu'ils nourrissent contre la France.

**

Nous avons déjà dit que la campagne entreprise par les Chinois dans la presse étrangère ne fut guère plus heureuse. Elle débuta par la publication, le 16 juin 1883, dans le *Standard*, d'une lettre de l'empereur d'Annam au vice-roi de Canton. Ce document, s'il est authentique, ne saurait être favorable à la cause qu'il devait servir ; il nous apprend, en effet, les choses suivantes :

1° C'est à la date du 30 novembre 1882, c'est-à-dire deux jours après l'entrée en négociation de M. Bourée avec le Tsong-li-Yamen, que le gouvernement chinois, par l'intermédiaire du vice-roi de Canton, a songé à demander à la cour de Hué quelle était la cause du différend qui divisait l'Annam et la France, point sur lequel le cabinet de Pékin n'avait trouvé jusqu'alors aucun renseignement dans les communications du souverain annamite.

2° Une ambassade chinoise se rendait à Hué au mois de janvier 1883 pour reprocher à l'empereur d'Annam d'avoir totalement négligé de faire appel aux bons offices de la Chine et d'avoir ainsi contribué par cette abstention peu amicale à faire douter des droits que le Céleste-Empire prétend avoir de s'immiscer dans les affaires annamites. Cette mission était en même temps chargée de mettre le roi d'Annam au courant de la conduite du gouvernement chinois dans les affaires japonaises en Corée, et de faire briller à ses yeux les avantages qui résulteraient pour lui d'une intervention analogue et pacifique de la part de la Chine, ainsi que l'ouverture de l'Annam à toutes les nationalités indistinctement et au même titre. Cette mission était en même temps chargée d'obtenir de la cour de Hué non pas une demande explicite d'intervention armée, ce qui eût embarrassé la Chine, mais des déclarations de telle nature, qu'elles puissent suppléer aux titres que la Chine n'a pu produire, vu leur absence, à l'appui de ses prétentions de puissance suzeraine.

Les envoyés chinois étaient également chargés de protester à Hué (neuf ans trop tard) contre le traité de 1874 et de reprocher à l'empereur d'Annam d'avoir, dans l'article 2 de cet acte diplomatique, fait reconnaître son entière indépendance vis-à-vis de toute puissance étrangère, quelle qu'elle soit, et de s'être engagé dans l'article 3 du même traité à conformer sa politique extérieure exclusivement à celle de la France. Ces mêmes envoyés devaient enfin, soit par des promesses, soit par des menaces, obtenir de la cour de Hué l'envoi à Pékin d'un fonctionnaire annamite, mannequin que la cour de Chine avait besoin d'habiller à ses couleurs pour le faire parader aux yeux des étrangers.

3º Le 16 janvier 1883, l'empereur d'Annam écrivait une lettre au vice-roi de Canton (c'est celle qui est publiée par le *Standard*) dans laquelle il s'excuse avec aussi peu de spontanéité que possible de ne pas avoir plus tôt exposé ses plaintes au gouvernement chinois et annonce que le fonctionnaire demandé allait se mettre en route, emmené ou plutôt traîné à Pékin par la mission que la Chine avait envoyée à Hué.

Ainsi, autant qu'on peut s'en rapporter aux documents que nous citons, voilà ce que faisaient les Chinois à Hué, au mois de janvier 1883, pendant qu'ils négociaient ou faisaient semblant de négocier chez eux, depuis cinquante jours, avec M. Bourée, afin de déplacer simplement la question. On sait ce qui en advint : à peine M. Bourée croyait-il ces pourparlers terminés, que le Tsong-li-Yamen, bouleversant tout ce qui avait été fait et rouvrant la question, lui proposait une conférence dans laquelle devait figurer l'automate annamite que les Chinois s'étaient donné la peine d'aller chercher à Hué pour qu'il suppléât à Pékin aux pièces de conviction qui manquaient et manquent toujours, malgré cela, à la Chine. Telles sont les circonstances dans lesquelles la question du Tong-King a été déplacée et s'est transformée en une question franco-chinoise. Il appert des documents que la Chine elle-même nous fournit, qu'elle a joué notre ancien ministre à Pékin, qu'elle n'avait aucun droit véritable sur l'Annam et qu'elle est entrée dans le conflit non pas à la suite d'une demande spontanée du souverain de ce pays, mais à la suite d'une pression que nous qualifierons par euphémisme d'ultra-diplomatique.

**

Nous ne voulons pas parler des procédés spéciaux à M. le marquis Tseng.

M. le marquis Tseng a inauguré une manière nouvelle pour conduire les négociations diplomatiques. Il éprouve trois ou quatre fois par semaine le besoin de faire connaître ses impressions *urbi et orbi ;* tantôt, lorsqu'il trouvera des documents diplomatiques, à son avis insuffisants, il s'empressera immédiatement de les compléter en livrant de nouvelles pièces à la publicité ; s'il lui est impossible de répondre par la voie ordinaire à des paroles désagréables prononcées du haut de la tribune parlementaire, vite il fera passer dans tous les bureaux de rédaction une petite note autographiée, dans laquelle il exprimera ses vues ; ou bien, il s'abandonnera, avec quelques reporters, à d'interminables dialogues dans lesquels il donnera son opinion sur la situation. Cette manière de parler à la cantonnade est tout à fait originale et mérite, nous l'avouons, tous nos encouragements, car le diplomate chinois nous fournit de la sorte les meilleurs arguments qu'on puisse lui opposer. C'est en effet, ainsi que nous l'avons montré ailleurs, dans une dépêche publiée par le *Standard*, que se trouvent les preuves peut-être les plus fortes contre la suzeraineté de la Chine sur le Tong-King. Nous lisions, il y a quatre ou cinq jours, dans une conversation avec un journaliste, que le marquis Tseng, blessé de la lecture de la dépêche Tricou, par M. Jules Ferry, ne voulait rentrer en France que lorsque son amour-propre froissé aurait reçu quelque réparation. Deux jours plus tard, nous le voyons se hâter de traverser le détroit et se présenter au Ministère des Affaires étrangères. La vérité est que le marquis Tseng est un *busybody* qui, probablement mal conseillé, montre une hauteur et une exigence tout à fait hors de saison. La Chine ne veut pas la guerre; la rentrée du marquis Tseng à Paris en est la preuve, car, en politique orientale, celui qui fait le premier pas est celui qui désire un arrangement; et le gouvernement de Pékin éprouve le besoin de tempérer les trop grandes susceptibilités de son ardent représentant. Nos avis particuliers confirment pleinement le fait que Li-Hong-tchang et le marquis Tseng ne sont rien moins que d'accord sur la manière de régler la question du Tong-King. Quand le ministre de Chine à Paris vient nous déclarer dans un journal qu'il ne reçoit pas d'instructions de Li-Hong-tchang, que ce dernier n'est que membre du Conseil privé, vice-roi du Tche-ly, et qu'il n'est qu'en raison de ses hautes fonctions chargé de temps en temps de négocier avec les puissances étrangères, il nous suppose bien ignorants de l'état actuel du gouvernement chinois. Officiellement, Li-Hong-tchang n'est que ce que le marquis Tseng a déclaré; mais, en pratique, c'est l'homme le plus puissant de la Chine, et dire qu'il ne peut avoir aucune influence sur les destinées du représentant du Céleste-Empire à Paris, c'est comme si, sous Louis XIV, un ambassadeur de France avait dit qu'il se souciait fort peu de Colbert, Hugues de Lyonne étant secrétaire d'Etat *de l'Étranger*. Ainsi donc nous devons nous attendre qu'appelé à représenter plus exactement les vues de son gouvernement, le diplomate chinois montre une modération plus grande ; tout en étant conciliants plus que jamais, nous avons besoin de faire preuve de fermeté et de persévérance devant nos adversaires hésitants.

*_**

Ici se termine notre tâche, qui avait pour but de résoudre un problème de droit international. La Chine, qui ne puise dans le droit des gens que ce qui peut servir ses intérêts, doit cependant en subir toute la logique et abandonner un terrain sur lequel elle est mal à l'aise. La question est maintenant entrée dans une phase nouvelle, puisque le Céleste-Empire, changeant constamment la base de ses négociations, ne sait pas encore s'il doit se contenter d'une zone neutre qui comprendrait les provinces de Cao-Bang et de Langson, réclamer toute la portion du Tong-King qui s'étend au nord du fleuve Rouge ou revendiquer ce pays tout entier. Au point de vue stratégique, il nous est impossible de céder Bac-Ninh, point de jonction des routes qui conduisent à la province chinoise du Kouang-Si ; l'abandon de Cao-Bang et de Langson serait déjà une concession énorme, car c'est dans ces districts montagneux que les rébellions, qui ont, à diverses reprises, bouleversé l'Annam, ont trouvé un asile séculaire.

La ville de Langson même offre une importance militaire considérable : c'est le lieu de réunion de deux des routes du Kouang-Si qui conduisent à Bac-Ninh;

la possession des mines de charbon de Kékao nous est indispensable; la cession de Lao-Kaï, sous le prétexte que cette ville est habitée par des Chinois, n'a pas non plus de raison d'être : elle forme une douane naturelle excellente; les Chinois qui l'habitent, étant du Kouang-Tong, ne comprennent pas un traître mot de la langue de leurs compatriotes de la province limitrophe du Yunnan; enfin, dans un pays où les cours d'eau servent de moyen de communication, de grandes routes, le fleuve Rouge ne saurait être choisi comme frontière. Il ne viendrait à l'idée de personne de prendre comme frontière la grande route de Francfort à Bâle ou telle autre voie de transit. D'ores et déjà il est facile de prévoir que ce que la Chine cherche à obtenir, c'est notre retraite complète du Tong-King; il est donc, croyons-nous superflu de discuter avec elle les bases d'un traité : dans l'Extrême Orient occupation vaut titre, témoin les Anglais, qui occupent le Pégou sans traité avec la Birmanie, et les Portugais Macao, depuis le seizième siècle, malgré les revendications constantes de la Chine. Quand nous aurons occupé Hung-Hoa, Son-Tay et Bac-Ninh, nous pourrons laisser la Chine reprendre des négociations auxquelles, à notre avis, il est parfaitement inutile de donner une conclusion. Le temps fera pour nous œuvre de bon diplomate. Traîner les choses en longueur est un procédé chinois que nous pouvons employer avec succès contre la Chine.

Contraste insuffisant

NF Z 43-120-14

www.ingramcontent.com/pod-product-compliance
Lightning Source LLC
LaVergne TN
LVHW022207080426
835511LV00008B/1625